AF262496

TRAITÉ D'ORTHOGRAPHE.

Tout exemplaire non revêtu de la signature de l'auteur sera réputé contrefait.

TRAITÉ

D'ORTHOGRAPHE

CONTENANT

DES RÈGLES PROPRES A RENDRE PLUS FACILE

L'ÉTUDE DE LA LANGUE ÉCRITE

AVEC

DES REMARQUES SUR CERTAINS MOTS USITÉS

QUI NE PEUVENT ÊTRE SOUMIS

A UN ENSEIGNEMENT BIEN RÉGULIER,

PAR

CHARLES SERRES.

PAU,

IMPRIMERIE DE É. VIGNANCOUR.

—

Février 1863.

DE L'ORTHOGRAPHE.

L'orthographe est l'art d'écrire les mots d'une langue conformément au bon usage, c'est-à-dire à l'usage établi par la majorité des écrivains , l'Académie et les grammairiens les plus accrédités.

DE L'EMPLOI DES LETTRES.

Les consonnes finales des mots primitifs sont rarement indiquées dans la prononciation ; on les reconnaît par les dérivés, c'est-à-dire par les mots qui en sont formés.

Oranger, orangerie. Pot , poterie.

Bois , boiserie. Drap , draperie.

Toit , toiture. Champ, champêtre, etc·

Cette règle, d'une application très-étendue , est soumise à quelques exceptions : souris , souricière ; dix, dizaine ; entrepôt, entreposer, etc.

DES VOYELLES.

Ai.

Ai s'emploie dans les substantifs avant une *s*, prononcée *z* : plaisir, maison, raison, comparaison, plaisanterie, etc. ; excepté diocèse, hypothèse, dièse, parenthèse, manganèse, diérèse, synthèse, thèse.

Aire.

Les mots de cette terminaison prennent *ai* lorsqu'ils sont formés d'un mot plus court : exemplaire, actionnaire, dignitaire, etc., formés de exemple, action, dignité, etc.

Auté.

Les substantifs dont la finale se prononce *oté*, prennent *au* : beauté, nouveauté, cruauté, admirauté, papauté, principauté, etc. ; excepté côté, prévôté.

An.

An s'emploie ,
Dans le corps des mots avant *g* : oranger, étranger, boulanger, frange, grange, langueur, etc. ; excepté hareng, venger, désen-

gager, désengrener; avant et après *ch* : tranche, branche, méchant, etc.; *en* a lieu dans pencher, pervenche, désenchanter, désenchaîner.

Am est soumis à la même règle : chambellan, champêtre, champion, etc.

Dans les mots qui commencent par *anti* : antichambre, antidote, antidater, antipathie, antiquaire, etc.; deux mots prennent *en* : entier, entiché.

Dans le corps des mots après les voyelles *é u* : néant, créance, nuance, séance, suppléant, océan, géant, etc.; *en* règne dans affluent, influent, congruent, confluent.

An.

An s'emploie dans les syllabes,

Bam, *ban* : bambin, bambou, bandeau, contrebande, ruban, etc.; on écrit avec *e* : prébende, térébenthine.

Cam, *can* : campagne, camphre, cantique, candidat, etc.; sans exception.

Fan : fantassin, fantôme, fanfare, fangeux, etc.; *en* a lieu dans fendre, défendre, offenser, et dans les composés et dérivés : pourfendre, défenseur, etc.

Gam, *gan* : gambade, ganse, gangrène, ouragan, etc.; sans exception.

Illan : vaillance, surveillance, sémillant, etc.; sans exception.

Nan : nankin, gouvernante, manant, squinansie, etc. ; *e* s'emploie dans continent, componende, permanent, exponentiel, et dans les mots en *inence* : éminence, prééminence, continence, etc.; finance, prédominance s'écrivent avec *a*.

San, prononcée *zan* : pesanteur, plaisanter, faisan, artisan, misanthrope, paysan, etc.; *en* règne dans présenter, et dans les mots formés d'un verbe commençant par *en* : désenflure, désenchantement.

Xan, *Yan* : soixante, prévoyance, clairvoyance, croyance, etc. ; sans exception.

Blan, *bran* : blanquette, vraisemblance, ressemblance, branche, brancard, brandir, etc. ; sans exception.

Clan, *cham*, *chan*, *cram*, *cran* : chambellan, clandestin, esclandre, crampon, écran, etc.

Flam, *flan*, *fram*, *fran* : flambeau, flamber, flandrin, souffrance, franchise, franciscain, etc.; sans exception.

Glan, *gram*, *gran* : glande, grammatical, églantier, grandeur, grange, etc.; sans exception.

Phan, *plan* : éléphant, sycophante, planta-
tion, planche, etc. ; sans exception.

Splan, *slan*, *stran* : substance, transplan-
ter, résistance, constance, etc. ; *en* s'emploie
dans abstension, splendeur, stentor, obs-
tensoir, distendre, existence.

Tran : tranquille, trancher, remontrance,
etc. ; excepté trente et ses dérivés.

Ance.

Ance est la finale,

Des mots formés d'un verbe des trois derniè-
res conjugaisons : souvenance, croissance, nais-
sance, jouissance, etc. ; *ence* termine sentence,
apparence.

Des mots dont l'avant dernière syllabe est
précédée d'une consonne : abondance, dépen-
dance, correspondance, jactance, bombance,
observance, etc. ; *ence* règne dans absence,
sentence, et dans les mots en *gence* ; urgence,
divergence, tangence, etc.

Eau, *au*, *o*, *os*, *ot*, *op*, *aut.*

Eau termine le plus grand nombre des mots
dont la finale se prononce *o* : sureau, plumeau,
bateau, arbrisseau, etc.

On écrit *au* à la fin des mots : senau, étau,

pilau, sarrau, landau, unau; des mots en *yau*
et de ceux où le son *o* est précédé d'une voyelle :
noyau, boyau, tuyau, aloyau, hoyau, joyau,
gruau, fabliau, fléau, préau; *o* termine cacao,
duo, trio, oratorio, curaçao, ambroglio, et *ot*,
loriot, chariot.

Au s'emploie dans le pluriel des mots qui ont
le singulier en *al* : égaux, nationaux, moraux, etc.

On termine par *o* : caraco, banco, bobo,
coco, credo, campo, zéro, piano, numéro,
domino, haro, alto, momento, concerto, recto,
incognito, dito, bravo, quarto, allégro,
veto, quiproquo; par *ot* : paquebot, jabot,
turbot, escarbot, mot, marmot, impôt, suppôt,
dépôt, entrepôt, prévôt, pierrot, pavot, pa-
letot, îlot, javelot, et les adverbes en *ôt* comme
tôt, tantôt, bientôt, aussitôt, plutôt; les mots
en *cot* et en *got* : haricot, escot, calicot, écot,
coquelicot, lingot, ragot, escargot, et ceux
dont la dérivation indique le *t* : rabot, sabot,
minot, pot, pivot, etc.

Os a lieu dans os, dos, chaos, héros;
op et *aut* sont les finales de sirop, galop, trop,
artichaut, saut, haut, défaut, assaut, lévraut,
héraut, quartaut.

En.

Le son *an* s'écrit par *en*,

Au commencement des verbes : enrhumer, engloutir, entrer, etc. ; excepté ancrer, antidater, anticiper, amplifier, amputer, ambitionner, ambler, ambrer.

Dans les premières syllabes *rem* et *ren* des verbes qui expriment une action répétée : rembarquer, renvoyer, rendormir, rentrer, etc.

Dans le corps des mots après *i* : conscience, science, oriental, inconvénient, quotient, audience, etc. ; *an* règne dans amiante, insouciant, viande, triangle, friand, insignifiant, et dans les mots formés d'un verbe : confiance, conciliant, fiançailles, étudiant, etc.

En, ayant le son *an*, s'emploie dans les finales,

Endre : attendre, descendre, vendre, etc. ; excepté épandre, répandre.

Les substantifs attente, descente, vente, etc., s'écrivent comme les verbes avec *en*.

Ension, *ention* : pension, dimension, invention, prétention, etc. ; excepté expansion.

Idence : résidence, évidence, présidence, etc. ; excepté finance, prédominance.

Olence, *ulence* : insolence, violence, opulence, corpulence, etc. ; excepté pétulance, ambulance.

Dence, précédée d'une voyelle : accidence, cadence, présidence, etc. ; excepté excédant, outrecuidance ; après une consonne on écrit *dance* : correspondance, abondance, tendance, etc. ; excepté endenté, condenser,

Férence, *hérence* : circonférence, différence, indifférence, conférence, adhérence, incohérence, etc. ; sans exception.

Gence : indulgence, diligence, intelligence, etc. ; *geance* termine engeance, dérogeance, obligeance, vengeance.

Eindre, Aindre.

Les verbes terminés en *indre* prennent *e* : peindre, feindre, étreindre, teindre, etc. ; excepté plaindre, craindre, contraindre.

Les substantifs peinture, feinte, éteignoir, teinture, etc. ; plainte, crainte, contrainte sont soumis à la même orthographe que les verbes.

Et, es, ai, aie, ais, ait, aix.

Et termine généralement les mots dont le son final est *è* : bracelet, cabinet, buffet, alphabet, quinquet, bouquet, etc.

Es s'emploie dans congrès, procès, décès, abcès, près, après, auprès, très, progrès, succès, accès.

Ais règne dans : panais, biais, désormais, frais, jamais, laquais, mais, marais, palais, jais, relais, dais, rais (rayon) ; *ai* et *aix*, dans balai, délai, déblai, remblai, quai, paix, faix.

On écrit avec *ait* : lait, souhait, fait, trait, et les composés de ces deux derniers : attrait, méfait, portrait, etc. ; *aie* termine les substantifs féminins : raie, craie, plaie, monnaie, ivraie, laie, baie, taie, futaie.

Ière, iaire.

Ière s'emploie dans les substantifs féminins dont la finale se prononce ainsi : poussière, volière, ornière, théière, barrière, etc. ; excepté pierre ; *iaire* a lieu dans les substantifs et adjectifs masculins : plénipotentiaire, auxiliaire, vestiaire, bréviaire, domiciliaire, judiciaire, etc.; excepté lière, cimetière.

In, ain, aim, ein.

On termine par *in* la plupart des mots qui ont ce son final : bambin, clavecin, vaccin, orphelin, etc. ; *ain* s'emploie dans airain, bain, châtain, chapelain, demain, dédain, étain, écrivain, franciscain, fusain, forain, grain, gain, levain, main, pain, poulain, parrain, suburbain, terrain, et dans les composés souterrain, lendemain, etc. ; *ain* a encore lieu dans les mots masculins dont le féminin est en *aine* : souverain, contemporain, certaine, etc.

Aim règne dans faim, essaim, daim, et *ein* dans sein, frein, plein, dessein (projet).

U.

Les verbes terminés au présent de l'infinitif par *guer* conservent *u* dans toute la conjugaison : nous naviguons, vous promulguez, etc. ; hors de la conjugaison *u* se supprime devant *a* : navigation, promulgation, etc.

Dans les verbes en *quer*, comme fabriquer, pratiquer, les deux lettres *qu*, employées dans toute la conjugaison, se transforment en *c* dans les substantifs et les adjectifs qui en dérivent : fabrication, praticable, etc. Cependant on écrit avec *qu* les dérivés : remarquable, attaquable, critiquable, croquant, marquant, immanquable, risquable, piqûre.

DES CONSONNES.

C.

C, ayant la prononciation douce de *s*, s'emploie,

Après un *e* muet : médecin, recette, clavecin , etc. ; sans exception.

Après un *e* fermé : précision, décembre, récitation , etc. ; sans exception.

Entre deux *i* : anticiper , causticité, épicier , illicite , officier , logicien , judiciaire , municipalité , etc. ; on fait usage de *ss* dans : dissident , dissimuler , dissiper , huissier, coulissier, tapissier, mégissier , vicissitude , et dans les mots terminés en *mission* et *issime* : commission , illustrissime , etc. ; *t* a lieu dans initier, vénitien , et dans les mots en *ition* : punition , sédition , apparition , etc.

Après *an* : ancien , avancer, chancelier, devancier, chance , garance, lance , nuance, balancer, etc. ; *s* règne dans expansion , caravansérail, organsin, jansénisme, ganse, danser, panser (une blessure), transe, transir ; on écrit avec *s*, ayant le son de *z* : transiger , transitif, transit, transalpin , transition.

Après *in* : amincir, pincette, province, étincelle, incertain, incident, pinceau, prince, etc. ; excepté ainsi, intrinsèque, extrinsèque, insigne , insinuer , insipide , inséparable , insister, et les dérivés.

Après *on* : amonceler , concentrer , concert, concevoir, concierge , concile, concitoyen, etc. ;

s a lieu dans conseil, conséquent, consécutif.
considérer, monsieur, réponse, monseigneur,
et dans les composés et les dérivés : inconsé-
quent, considération, etc.

On fait usage de *c* dans les verbes en *oncer* :
enfoncer, annoncer, prononcer, froncer, etc. ;
sans exception.

C, ayant la prononciation de *s*, s'emploie
dans les finales,

Ence : opulence, sentence, clémence, circonférence, prudence, éloquence, excellence,
influence, etc. ; *ense* termine défense, offense,
dépense, immense, récompense, dispense,
dense (épais), il encense, il pense.

Celle, cèle : nacelle, ficelle, parcelle, étincelle,
escarcelle, sarcelle, isocèle, hydrocèle, etc. ;
excepté selle, aisselle, vaisselle, il ruisselle.

Cien : fabricien, praticien, musicien, phar-
macien, logicien, opticien, etc. ; on écrit avec
t : égyptien, capétien, helvétien, vénitien, et
avec *s* et *ss* gypsien, prussien, paroissien.

Ciel, précédé d'une voyelle : artificiel, pré-
judiciel, superficiel, etc. ; après une consonne
on écrit *tiel* : essentiel, confidentiel, partiel,
etc. ; excepté circonstanciel.

Cier, après une consonne : romancier, fi-
nancier, faïencier, devancier, princier, balan-

cier, etc.; *sier* termine coursier, boursier, dépensier, traversier.

Cir : adoucir, noircir, durcir, amincir, éclaircir, etc. ; *sir* et *ssir* terminent transir, roussir, épaissir, grossir.

Cité, précédée d'une voyelle : capacité, authenticité, efficacité, réciprocité, causticité, etc. ; *ss* a lieu dans nécessité, et *s* après une consonne : densité, perversité, intensité, diversité, immensité, adversité, etc.; on écrit avec *x* : perplexité, connexité, prolexité, fixité, complexité.

Fice : édifice, artifice, sacrifice, office, orifice, bénéfice, etc.; dans les verbes on fait usage de *ss* : que je fisse, qu'il finisse, etc.

Lice : calice, cilice, délice, hélice, lice, police, malice, etc. ; on écrit avec *ss* : coulisse, mélisse, lisse, pelisse, réglisse; *ss* a lieu dans les verbes : que je lisse, qu'il pâlisse, etc.

Pice : auspice, aruspice, hospice, frontispice, épice, précipice, etc.; sans exception.

Tice : justice, notice, factice, solstice, etc.; *ss* règne dans les verbes : que je tisse, que tu pâtisses, qu'il aboutisse, etc.

G , j.

La consonne *g* ayant le son doux de *j*,

2

s'emploie généralement devant *e* , *i* : gendarme, gentillesse , giberne , girouette , agir , etc. ; on écrit avec *j* : je , jeu, jeune, jeûne, jeudi, jeter, majeur, majesté, déjeuner, abject, adjectif, objecter, et dans les composés et dérivés : jeunesse, enjeu, objection, etc.; *j* a encore lieu dans les mots en *jet* : trajet, sujet, objet, projet, surjet, etc. ; *g* s'emploie dans budget.

M.

On emploie *m* au lieu de *n* avant *b* et *p* : empêcher, emballer, embarquer, embouchure, etc, ; excepté bonbon, bonbonnière, embonpoint, nonpareil.

Ph.

On écrit avec *ph* les mots dont la finale se prononce *afe* : géographe , calligraphe , lithographe, paraphe, télégraphe, etc.; excepté carafe, girafe, agrafe.

S.

Cette consonne , ayant la prononciation de *z* , s'emploie ,

Entre deux voyelles : maison , plaisance , pesanteur , toison, etc. ; excepté dans désué-

tude , monosyllabe , pusillanime , parasol , pré-
séance , présupposer , vraisemblable.

Dans les mots dont la finale se prononce *zon* :
raison , inclinaison , saison , floraison , etc. ;
excepté gazon , horizon.

On emploie *s* au lieu de *c* ,

Après *b* : absence , absinthe , observer , sub-
side , subsister , etc. ; excepté : abcès.

Après *l* : impulsion , répulsion, salsifis, valse,
etc. ; *c* a lieu dans calcédoine, ulcérer , cal-
ciner , récalcitrant.

Après *p* : ellipse , gypse , apocalypse , épi-
lepsie , syllepse , etc. ; sans exception.

Après la syllabe *ver* : adversion , adversité,
perversité , version , etc.; sans exception.

SS.

On emploie *ss* dans les finales ,

Asser , *esser* , *isser* : amasser , casser , chasser , embarrasser , presser , professer , dresser ,
progresser , glisser , tapisser , lambrisser, etc. ;
c règne dans placer , glacer , espacer , menacer , lacer , tracer , épicer , policer , grimacer ,
dépecer , rapiécer.

Sement : affranchissement, coassement, étour-
dissement , classement, etc. ; on en excepte les
mots dont les primitifs prennent *c* : doucement,

placement, enlacement, efficacement, perce-
ment, forcément, commencement, etc.; *s* a
lieu dans versement, sensément, pansement,
renversement, inversement, perversement,
diversement.

Seur, lorsque cette terminaison est précédée
d'une voyelle : brasseur, rotisseur, brosseur,
grosseur, rousseur, agresseur, régisseur, pro-
fesseur, connaisseur, etc. ; excepté douceur ;
après une consonne on écrit *ceur* ou *seur*
suivant l'orthographe des primitifs : farceur,
noirceur, valseur, compulseur, précurseur,
extenseur, penseur, défenseur, encenseur,
danseur, censeur.

On fait usage de *ss* après *ai*, *ou*, *oi*, *ui* :
caisse, graisser, vaisseau, vaisselle, coussin,
mousser, mousseline, housse, paroisse, an-
goisse, froisser, ruisseau, hausser, etc.; on
écrit avec *c* : douce, pouce, souci, courroucer,
voici.

Terminaisons en cion, sion, ssion, tion, xion.

On termine par,
Cion : suspicion.
Sion, les mots où cette finale est précédée
de *l* ou de la syllabe *ver* : compulsion, impulsion, répulsion, inversion, etc. ; sans exception.

Ssion, les mots en *ession*, *mission* : expression, profession, progression, commission, admission, etc. ; sans exception.

Ssion, les mots où la finale *cussion* est précédée d'une consonne : concussion, discussion, percussion, etc. ; après une voyelle on écrit *cution* : locution, exécution, élocution, persécution, etc. ; sans exception.

Tion, les mots où cette terminaison est précédée d'une des voyelles *a*, *e*, *i*, *o*, ou d'une des consonnes *c*, *p* : nation, opération, consultation, discrétion, audition, notion, inscription, action, etc. ; excepté deux mots : passion, compassion.

Xion : fluxion, annexion, complexion, flexion, connexion, réflexion, inflexion, génuflexion.

DU DOUBLEMENT DES CONSONNES.

C.

La consonne *c* se double dans les mots qui commencent par,

Ac : accoutumer, accueillir, accrocher, accident, accompagner, etc. ; on écrit avec un *c* : acolyte, acoustique, acutangle, et ceux où le *c* se trouve entre deux *a* : acabit, académie,

acajou, acacia, acanthe, etc.; cependant acca-
parer, accabler prennent deux *c*.

Oc : occasion, occident, occuper, occurence,
etc.; excepté ocre, oculaire, oculiste.

B, *d*, *g*.

Les consonnes *b*, *d*, *g* se doublent dans,
Abbé, rabbat, rabbin, abbaye, gibbeux;
Addition, reddition, adduction;
Agglomérer, aggraver, suggérer, agglutiner.

F.

F se double dans les mots qui commencent
par,

Af : affirmer, affliger, affamer, affronter,
etc.; excepté afin, Afrique.

Ef : effort, effectif, efficace, effacer, etc.;
excepté éfaufiler.

Of : officier, office, offense, etc.; sans exception.

Dif : difforme, difficile, différence, etc.;
sans exception,

On double la consonne *f*,

Après *ou* : gouffre, souffle, souffre, souffrir,
touffu, joufflu, bouffon, etc., excepté pan-
toufle, soufre, moufle, boursoufler, ca-
mouflet.

Après *u* : buffet, suffrage, suffoquer, buffle, truffe, rebuffade, suffisance , etc. ; excepté tartufe, mufle.

L.

L se double dans les mots qui commencent par ,

Il : illustre, illusion , illicite , illégal , illégitime, etc. ; excepté île, îlot , ilote.

Col : collet, collier , colline , collége , etc. ; excepté colère, colifichet, colibri, colis, colique, colimaçon, colin-maillard, Colisée, et les mots où *l* se trouve entre deux *o* : colon , colonne, colombe, colonel, colophane, colosse , etc.

M.

M se double dans les mots qui commencent par ,

Com : commode, commander, commission , etc. ; excepté comète, comédie, comique, comité, comestible, comices.

Im : immense , immersion, immanquable, immémorial, imminence, etc. ; excepté imiter, image, iman , et les dérivés.

P.

On double *p* dans les mots qui commencent par,

Ap : approcher, appareil, appréhension, appartement, apparence, applaudir, etc. ; excepté apaiser, aplanir, aplatir, apathie, apercevoir, aplomb, apanage, aparté, api, apitoyer, apetisser, et ceux qui commencent par *apo* : apologie, apôtre, apostrophe, apostille, apothicaire, apothéose, etc. ; cependant on écrit avec deux *p* : appointer, apporter, apposer, et les dérivés.

Sup : supposer, supplanter, suppléer, supprimer, supporter, etc. ; excepté supin, suprême, et les mots qui commencent par *super* : superflu, superbe, supérieur, superficiel, etc.

R.

R se redouble dans les mots qui commencent par,

Cor : corriger, corrompre, corridor, correspondance, etc. ; on écrit avec une *r* corolle, corail, coriace, coreligionnaire, corinthien, corollaire, coryphée.

Ir : irriter, irréligion, irrévérence, irrigation , etc.; excepté ironie , irascible , iris , iroquois.

La consonne *r* se double après *ou* : nourrir , courrier , courroie , courroux , bourrache , bourru , fourrure , fourrier , etc. ; excepté courage , courir , labourer , souris , sourire , tourelle, entourer, ébouriffé , échauffourée, et les dérivés labourage , entourage , etc.

T.

On double le *t* dans les mots qui commencent par ,

At : attendre , attentif , attiser , attrouper , attester, attaquer, etc. ; excepté atelier, atome, atroce , athée , athénée, athlète , et les mots qui commencent par *ato* : atome , atout , atour , etc.

Les consonnes se redoublent dans le corps des mots après un *e* ouvert non surmonté d'un accent : chambellan , excellent, beffroi , libelle , tonnerre , guetter, nettoyer , terrain , assujettir, etc.; *x* ne se redouble jamais : sexe, annexe , etc.

DE LA RÉDUPLICATION DES CONSONNES

DANS LES TERMINAISONS.

On double les consonnes *l*, *m*, *n*, *s*, *t*, dans les finales.

Elle : bretelle, manivelle, sauterelle, ombrelle, bagatelle, citadelle, flanelle, nouvelle, immortelle, etc.; excepté modèle, zèle, fidèle, poële, clientèle, parallèle, isocèle, hydrocèle, grêle.

Amment : constamment, élégamment, instamment, couramment, prudemment, fréquemment, etc. ; on écrit avec une *m* : tempérament, prédicament, médicament, testament, filament, firmament, ligament, linéament.

Ommer : gommer, nommer, assommer, consommer, etc. ; excepté chômer.

Onnaire : fractionnaire, actionnaire, fonctionnaire, révolutionnaire, pensionnaire, stationnaire, etc. ; excepté saponaire.

Onnel : professionnel, intentionnel, conditionnel, conventionnel, personnel, etc.; excepté colonel.

Onner : étonner, environner, détonner (sortir du ton), couronner, fonctionner, stationner, savonner, etc. ; on écrit avec une *n* : ramoner, trôner, prôner, époumoner, détoner (faire explosion).

Les substantifs formés de ces verbes en suivent l'orthographe : couronnement, savonnette, ramoneur, etc.

Onnier : canonnier, fauconnier, bâtonnier, chiffonnier, charbonnier, marronnier, braconnier, chansonnier, etc. ; on fait usage d'une *n* dans nautonier, limonier, gonfalonier, pontonier, timonier, aumônier.

ienne, yenne : persienne, prussienne, indienne, moyenne, égyptienne, etc.; excepté hyène, hygiène.

Esse : finesse, rudesse, vitesse, caresse, mollesse, vieillesse, hardiesse, etc. ; excepté nièce, pièce, espèce, Grèce.

Osse : bosse, brosse, fosse, rosse, colosse, carrosse, etc. ; *c* a lieu dans noce, précoce, négoce, atroce, féroce, sacerdoce.

Ette : manchette, banquette, girouette, épaulette, fourchette, baguette, aigrette, tablette, savonnette, etc.; *t* ne se double pas dans poète, athlète, épithète, interprète, planète, comète, prophète, fête, tête, crête, quête, conquête, requête, enquête, tempête, arête, honnête, arbalète, et dans les adjectifs féminins de cette terminaison : inquiète, secrète, discrète, etc.

DE LA NON RÉDUPLICATION DES CONSONNES.

Les consonnes ne se doublent pas ,

Après un *e* muet ou après une voyelle surmontée d'un accent : médecin, champêtre, clientèle, épître, etc ; excepté châsse, châssis, et les dérivés enchâsser, enchâssure.

Après un son nasal : pensée, réponse, insigne, quantité, sensé, etc. ; excepté à l'im-
parfait du subjonctif des verbes dont la pre-
mière personne singulière du passé défini est
en *ins* : que je tinsse, que tu vinsses, etc.

On ne double pas entre deux *o* les consonnes,

C : cocotier, flocon, coco, cocon, locomo-
tive, chocolat, protocole, etc. ; sans exception.

L : solo, étymologie, apologue, colonne,
colonel, holocauste, violon, volonté, prologue,
etc. ; sans exception.

M : homologue, homogène, homonyme,
omoplate, sycomore; comotion, etc. ; excepté
commode, et les composés et dérivés de ce
mot : incommoder, commodément, etc.

N : sonore, honorer, pronostic, monolithe,
monopole, astronome, chronologie, métro-
nome, etc. ; excepté entonnoir

P : proportion, propos, soporatif, proposi-
tion, hippopotame, monopole, etc. ; excepté
opposer, opportun et les dérivés.

R, corollaire, morose, porosité, proroger,
corolle, horoscope, etc. ; excepté corroborer,
corrompre, corroyer, corrosif, et les dérivés.

La consonne *f* ne se double pas entre deux *i* :
scientifique, pacifique, édifice, sanctifier, cer-
tifier, orifice, artifice, glorification, etc. ; sans
exception.

DES MAJUSCULES.

On commence par une une grande lettre ou majuscule.

Le premier mot de chaque phrase, de chaque vers : Quel doigt a désigné à la mer la borne immobile quelle doit respecter dans la suite des siècles ?

> Celui qui met un frein à la fureur des flots,
> Sait aussi des méchants arrêter les complots.

Les noms propres de personnes, de pays, de provinces, de peuples, de villes, de villages, de fleuves, de montagnes, etc. : Corneille, la Russie, la Normandie, les Allemands, Paris, le Rhin, etc.

Les substantifs propres ne prennent point de majuscules lorsqu'ils sont employés adjectivement : un ambassadeur anglais, des guerriers arabes, des monuments égyptiens.

Le nom Dieu et tous ceux qui désignent l'Etre-Suprême, tels que le Créateur, le Tout-Puissant, le Seigneur, la Providence, etc. ; on écrit dieu avec une initiale minuscule s'il est appliqué aux divinités du paganisme : Jupiter était le plus puissant des dieux.

Les mots tout-puissant, créateur, providence, etc., employés comme attributs de la diviniié,

prennent des minuscules : Dieu est tout-puissant ; il est le créateur de toutes choses.

Les noms propres des êtres moraux personnifiés :

> Jadis trop caressé des mains de la Mollesse,
> Le plaisir s'endormit au sein de la Paresse.

Les mêmes mots commencent par de petites
lettres dès qu'ils cessent d'être personnifiés : La
paresse rend le travail pénible et difficile.

Les noms qui désignent des sociétés, des
corps : L'Eglise est la colonne et le soutien
de la vérité. L'Académie française fut fondée
par Richelieu.

Ces mêmes mots s'emploient avec des minuscules dans toute autre acception : L'église
Saint-Pierre de Rome est le plus beau mo-
nument religieux du culte catholique. Les
académies de l'Eurore ont beaucoup con-
tribué au progrès des lumières.

Les mots Monseigneur, Monsieur, Madame,
Mademoiselle en adressant la parole aux personnes.

Les mots nord, sud, occident, orient, etc.,
lorsqu'ils sont employés pour désigner de gran-
des étendues : L'Amérique du Sud. Charlema-
gne rétablit l'empire d'Occident.

Les adjectifs qui font partie d'un substantif composé : le Nouveau-Monde, les Pays-Bas, les Etats-Unis, le Pont-Neuf, etc.

DE L'EMPLOI DES SIGNES ORTHOGRAPHIQUES.

On distingue trois sortes d'accents : l'accent aigu, l'accent grave et l'accent circonflexe.

L'accent aigu (') se met sur les *é* fermés qui terminent la syllabe : vérité, café, aménité, académie, etc.

On ne fait pas usage d'accent aigu devant les finales *r*, *d*, *z* : rocher, pied, nez, etc.

L'accent grave (`) se met sur les *è* ouverts qui terminent la syllabe ou qui sont suivis de la finale *s* : prophète, secrète, accès, procès, etc.

2.º Sur les *è* ouverts suivis d'une syllabe muette et finale : modèle, fidèle, règle, père, etc.; sont exceptés : les mots en *ège* comme manége, piége, etc.; ceux en *exe*, tels que complexe, sexe, annexe, etc. ; et les mots où l'*e* ouvert est suivi d'une double consonne : mollesse, nouvelle, noisette, terre, etc.

3.º Sur les prépositions *à* et *dès*, sur les adverbes *où* et *là* pour les distinguer de *a*, verbe, de *des*, article contracté, de *ou*, conjonction, et de *la*, article ou pronom.

4.° Sur ça, deçà, déjà, çà et là, voilà, là, par-là, holà.

L'accent circonflexe (^) s'emploie,

1.° Sur la plupart des voyelles longues : même, épître, côté, âge, etc.

2.° Sur l'avant-dernier *e* des mots en *ême* : même, blême, système, extrême, etc.; excepté les adjectifs numéraux ordinaux comme deuxième, troisième, etc.

3.° Sur la voyelle *i* des verbes terminés au présent de l'infinitif par *aître* ou par *oître*, mais seulement devant *t* : il naît, il paraît, ils accroîtraient, etc.

4.° Sur *a* dans les substantifs et les adjectifs terminés en *âtre* : théâtre, mulâtre, folâtre, plâtre, amphithéâtre, albâtre, opiniâtre, emplâtre, accatriâtre, pâtre, etc.; excepté quatre.

Les verbes de cette terminaison s'écrivent sans accent : battre, abattre, combattre, etc.

5.° Sur *o* et *e* des substantifs terminés en *pot* et en *être* : entrepôt, suppôt, impôt, hêtre, champêtre, prêtre, fenêtre, salpêtre, etc.; on en excepte pot, et les mots en *mètre* comme géomètre, baromètre, etc.; l'accent circonflexe a aussi lieu sur les adverbes en *tôt* : sitôt, plutôt, bientôt, aussitôt, etc.

6.º Sur les participes, *mû*, *dû*, *crû*, des verbes mouvoir, devoir, croître, mais seulelement lorsqu'ils sont employés au masculin singulier; on le met aussi sur les adjectifs *mûr*, *sûr*.

DE L'APOSTROPHE.

L'apostrophe (') indique la suppression d'une des voyelles *a*, *e*, *i*.

A se supprimé dans *la* devant une voyelle ou une *h* muette : l'amitié, l'humeur, l'armée, etc.

On supprime *e*,

1.º Dans *je*, *me*, *le*, *te*, *ne*, *de*, *ce*, *que*, *se*, avant les mots qui commencent par une voyelle ou une *h* muette : l'enfance, l'histoire, j'estime, etc.

2.ª Dans grand'mère, grand'tante, grand' messe, grand'chambre, grand'salle, grand' chère, grand'croix, grand'pitié, grand'chose, grand'peine, grand'peur, grand'route.

3.º Dans *entre*, lorsqu'il s'emploie dans la composition d'un mot : s'entr'aider, s'entr'accorder, entr'acte, etc.

4.º Dans *quoique*, *lorsque*, *puisque*, seulement devant *il*, *elle*, *on*, *un*, *une* : lorsqu'il vient, quoiqu'on dise, puisqu'elle part, etc.

5.º Dans *presque* devant *île* : presqu'île.

6.º Dans *quelque* devant *un*, *une* : quelqu'un, quelqu'une.

La voyelle *i* s'élide dans la conjonction *si* devant *il*, *ils* : s'il vient, s'ils lisent, etc.

DE LA CÉDILLE.

La cédille est une petite figure que l'on met sous le *c* devant les voyelles *a*, *o*, *u*, lorsque le son doit en être doux comme dans façade, leçon, reçu, etc.

DU TRÉMA.

Le tréma est un double point que l'on met sur une voyelle pour la faire prononcer séparément de celle qui précède : naïf, héroïque, haïr, faïence, etc.

On écrit avec un tréma ambiguë, ciguë, exiguë, etc. pour empêcher que la terminaison de ces mots ne se prononce comme celle de figue.

On ne fait pas usage du tréma lorsqu'il peut être remplacé par un accent : poéme, poéte, poésie, etc.

DU TRAIT D'UNION.

Le trait d'union sert à unir les mots entre

eux lorsqu'ils ne doivent exprimer qu'une seule idée ou lorsqu'ils sont intimement liés par le sens.

On l'emploie,

1.º Entre les parties d'un substantif composé et entre deux mots qui sont réunis pour ne former qu'une seule expression : Clermond-Ferrand, chef-d'œuvre, peut-être, vis-à-vis, etc.

2.º Entre le verbe et les pronoms *je*, *moi*, *tu*, *nous*, *vous*, *il*, *ils*, *elle*, *elles*, *le*, *la*, *les*, *lui*, *leur*, *y*, *en*, *ce*, *on*, lorsque ces pronoms sont placés après un verbe dont ils sont le sujet ou le complément : viendrez-vous? allez-y, croit-on? etc.

3.º Avant et après la lettre euphonique *t* : ira-t-on? chante-t-il? etc.

4.º Avant et après *ci* et *là* adverbe, quand ces parties sont jointes à un mot d'une manière inséparable : celui-ci, celui-là, là-haut, ci-contre, etc.

5.º Pour lier *très* au mot qui suit et même au pronom qui précède : très-poliment, très-bien, lui-même, eux-mêmes, etc.

6.º Entre deux nombres lorsque le dernier ne dépasse pas la dizaine : dix-huit, vingt-sept, trente-quatre, etc.

Les expressions numériques cent, mille,

million ne sont jamais précédées ni suivies d'un trait d'union : deux cent quatre, trois cent quarante-huit, etc.

On fait usage du trait d'union dans quatre-vingt, bien que le sens n'admette pas la conjonction *et* : quatre-vingt-dix.

DE LA PARENTHÈSE.

La parenthèse sert à renfermer certains mots qu'on peut rigoureusement supprimer quoiqu'ils ajoutent à la clarté de la phrase.

C'est d'un roi (Agésilas) que l'on tient cette maxime auguste,
Que jamais on n'est grand qu'autant que l'on est juste.

REMARQUES ORTHOGRAPHIQUES.

DES VOYELLES.

Aire, ère.

On fait usage de *aire* dans le plus grand nombre de mots dont la terminaison se prononce *ère* : libraire, solitaire, sommaire, vétérinaire, etc.

Ere termine père, mère, frère, colère, ère, compère, misère, hère, bruyère, chère, chimère, viscère, éphémère, ulcère, jachère, prospère, sévère, sincère, sphère, caractère, primevère, atmosphère, artère, galère, gruyère, cautère, cratère, patère, quadrilatère, commère, presbytère, panthère, j'altère, je tempère, il prospère, etc.; et les mots en *stère*, *fère*, *gère* : austère, mystère, ministère, monastère, mammifère, calorifère, lingère, fougère, potagère, bergère, boulangère, etc.; on écrit cependant avec *ai* : faire, et ses composés surfaire, contrefaire, etc.

An.

An est généralement d'usage dans la syllabe

lan : lanterne, lancette, lande, landau, houp-
pelande, etc.

En s'emploie dans calendes, lendemain, len-
tille, silence, talent, calendrier. solennel, ma-
lencontre, alentour, et dans la terminaison des
adjectifs dont le son final est *an* : lent, succulent, indolent, opulent, virulent, violent, tur-
bulent, etc.; cependant on écrit avec *a* : vigilant, ambulant, nonchalant, pétulant.

En.

En, ayant la prononciation de *an*, s'emploie
généralement dans les syllabes,

Men : fomenter, momentané, mendiant,
mentir, clémence, etc.

Man a lieu dans maman, iman, roman, ta-
lisman, firman, ottoman, dolman, diamant,
infamant, mander, émanciper, manquer, dé-
mangeaison, démanteler, démantibuler, nor-
mand, flamand, allemand, mancenillier. man-
che, manger, mante, manteau, salamandre,
mandoline, mandarin, mandat, mansarde,
mansuétude, commander, gourmander, demander, commander, et dans les composés et
les dérivés : contremander, mandataire, re-
commandation, gourmandise, etc.

Ren : rencontre, rente, parent, torrent, circonférence, apparence, hareng, occurence, transparence, etc.

On écrit avec *an* : orange, coran, odorant, odoriférant, prépondérance, quarante, amarante, durant, rance, rançon, rancune, garance, tyran, vétéran, belligérant, rang, girandole, garantir ; *an* a lieu aussi dans les mots formés d'un participe présent : tolérance, ignorance, persévérance, assurance, etc.

Ten : attentif, attentat, potentat, intensité, attendrir, sentence, etc. ; *tan* règne dans sultan, titan, tartan, septante, octante, tante (parente), pitance, pourtant, rectangle, étançon, inadvertance, important, jactance, tant, tan, tantôt, tancer, tandis, tanche, tangente ; dans la finale *stance* : subsistance, prestance, consistance, instance, etc. ; excepté existence ; *tan* s'emploie encore dans les mots formés d'un participe présent : quittance, répentance, etc.

Ven : vendre, inventaire, aventure, pervenche, connivence, etc. ; *van* a lieu dans vanter (louer), savant, vandalisme, davantage, avantage, devant, devancer, avant, avancer, devancier, devanture, suivant, dorénavant, revanche, vendange, épouvanter, vivandière, servante, auparavant, et dans les mots formés d'un verbe : observance, déservant, survivance, etc.

En et an dans les adjectifs.

En s'emploie généralement dans la terminaison des adjectifs dont la finale se prononce *an* : éloquent, fréquent, insolent, succulent, excellent, violent, conséquent, etc.

On écrit avec *an*, pimpant, pédant, pétulant, ambulant, savant, important, belligérant, insignifiant, constant, inconvenant, puissant, bienveillant, malveillant, bienfaisant, malfaisant, insouciant, intégrant, galant, clairvoyant, infamant, diffamant, élégant, méchant, arrogant, extravagant, vraisemblant, intrigant, luxuriant, exubérant, fatigant, fringant, odorant, odoriférant, vigilant, attrayant, garant, exorbitant, prépondérant, attenant.

An a lieu aussi dans les adjectifs formés d'un verbe : correspondant, tempérant, dépendant, etc.

Emploi de am, an, em et en dans les verbes.

Le son *an* s'écrit par *em* et *en* dans le plus grand nombre des verbes : mentionner, augmenter, ralentir, inventer, attendrir, penser, offenser, censurer, commencer, démembrer, tempérer, tremper, etc.

Am et *an* s'emploient dans ambitionner, amplifier, amputer, ambler, ambrer, ancrer, antidater, anticiper, nuancer, anéantir, fiancer, abandonner, bannir, brandir, ébranler, camper, cramponner, cambrer, canneler, danser, brocanter, condamner, dandiner, flamber, enflammer, flamboyer, enfanter, hanter, gambader, ganter, grandir, lancer, lambiner, lambrisser, balancer, brillanter, démanteler, démantibuler, manquer, diamanter, nantir, décontenancer, panser (une plaie), épandre, répandre, panner, ramper, épamprer, rancir, rançonner, garantir, tyranniser, étançonner, plaisanter, appesantir, planter, sanctifier, tambouriner, tamponner, tancer, tanner, tranquilliser, vanner, vanter (louer), avancer, devancer, avantager, épouvanter, et dans les composés : déganter, relancer, déplanter, etc.

On fait aussi usage de *an*,

Dans le corps des verbes avant *g*, avant et après *ch* : ranger, haranguer, manger, mélanger, languir, changer, blanchir, épancher, chanter, etc. ; on écrit avec *en* : venger, pencher.

Dans ceux qui commencent par *trans* ou qui se terminent en *ander* : transcrire, transir, transpirer, mander, commander, achalander, recommander, affriander, demander, marchander, etc. ; *en* a lieu seulement dans amender, émender, appréhender.

Finales en cer, cir, ser, sser, sir et ssir.

Cer et *cir* s'emploient dans la terminaison des verbes après une consonne : exercer, bercer, forcer, amorcer, balancer, pincer, percer, foncer, nuancer, commercer, amincir, éclaircir, farcir, noircir, durcir, etc. ; on écrit avec *ser* et *sir* : penser, compulser, expulser, valser, offenser, dispenser, herser, danser, transir, encenser, penser, dépenser, récompenser, dispenser, verser, traverser, converser, enversir, et les composés : renverser, etc.

On fait usage de *sser* et *ssir* après une voyelle: grossir, baisser, embrasser, embarrasser, tousser, pousser, presser, froisser, graisser, mousser, chasser, tapisser, roussir, épaissir, réussir, etc. ; *cer* et *cir* ont lieu dans placer, agacer, espacer, menacer, glacer, lacer, tracer, épicer, policer, grimacer, dépecer, appiécer, rapiécer, adoucir, courroucer, étrécir, et dans les composés : remplacer, retracer, etc.

DU REDOUBLEMENT DES CONSONNES.

Ou double les consonnes,

C, dans baccalauréat, ecclésiastique, vaccin, succéder, succès, succinct, succursale, saccader, saccager, succulent.

F, dans ébouriffé, griffonner, piffre, raffiner, raffaler, taffetas, greffe, gaffe, échauffourée, chiffon, souffler, essouffler, siffler, et dans les dérivés.

Dans les verbes en *fer* et en *frer* : coiffer, greffer, étouffer, biffer, pouffer, piaffer, chauffer, truffer, coffrer, engouffrer, chiffrer, etc.; excepté agrafer, tarifer, attifer, gaufrer, soufrer, balafrer.

L, dans ballot, vallon, ville, village, vallée, ballade, bulletin, calligraphie, corollaire, cristalliser, métallique, encoller, fallacieux, fallot, gallique, gallicisme, hallebarde, installer, mancenillier, mollet, mollusque, parallèle, pallier (verbe), rallier, palladium, colline, syllogisme, tranquille, intervalle, corolle, idylle, syllabe, codicille, balle, galle (noix de), salle (chambre), malle (coffre), dalle, halle, tulle, molle, folle, et dans les dérivés : cristallisation, tranquillité, etc.

M, dans hommage, dommage, grommeler.

grammaire, gramme, sommaire, mammaire, somme, sommet, pomme, mammifère, pommeau, sommier, homme, femme, gamme, gemme, épigramme, programme, anagramme, flamme, parallélogramme, gomme, et dans les composés et les dérivés : kilogramme, sommité, gommer, etc.

N, dans année, anneau, anniversaire, annonce, bannière, bannir, bonnet, bonne, baronne, canne, cannelle, cannelure, cannibale, connaître, connivence, connétable, connexe, colonne, baïonnette, débonnaire, dindonneau, entonnoir, ennoblir, ennui, hennir, hanneton, honneur, honnête, honnir, innocent, innover, manne, marionnette, monnaie, nonne, panneau, paonneau, pinnule, sonnet, solennel, suranné, tanneur, tonneau, tyrannie, tonnerre, trombonne, vanneau, vannier, annales, annexe, connexion, buissonneaux, bâtonnet, et dans les composés et les dérivés : ennuyeux, connaissance, etc. ; excepté honorer, honorable, honorifique, formés du substantif honneur.

P, dans échoppe, trappe, trappiste, développer, enveloppe, chappe, échapper, frapper, grappe, grappin, grippe, huppe, houppe, japper, lippe, nappe, nippes, happer, et dans les dérivés et les composés : échappade, agripper, développer, etc.

R, dans barrer, barrette, bécarre, arrhes, amarre, barricade, barrière, barrique, bizarre, bigarrure, carré, carreau, catarrhe, carrefour, carrier, carrière, carrillonner, carriole, carrosse, carrousel, carrure, charrette, charrue, chamarrer, concurrent, débarras, désarroi, diarrhée, embarras, équarrir, garrot, horreur, hémorrhagie, myrrhe, narrer, marron, parrain, marraine, porreau, sarrasin, sarrau, simarre, torrent, torride, larron, jarre, tintamarre, et dans les dérivés et composés : embarrasser, charretier, démarrer, carrosser, etc.

R se redouble au futur et au conditionnel des verbes courir, envoyer, mourir, voir, pouvoir, et dans les composés de ces verbes, ainsi que dans ceux des verbes *quérir*, comme acquérir, conquérir; je courrai, je courrais; je concourrai, je concourrais; je pourrai, je pourrais; j'acquerrai, je conquerrai.

S, dans les mots terminés en *asse* : bécasse, brasse, bonasse, basse, carcasse, classe, cocasse, calebasse, chasse, cuirasse, crevasse, culasse, échasse, embrasse, filasse, grasse, impasse, lavasse, liasse, lasse, laidasse, masse, mollasse, mélasse, nasse, potasse, paillasse, crasse, paperasse, passe, tasse, terrasse, et dans les verbes : que je fasse, qu'il se prélasse, etc.

C, s'emploie dans les autres mots de cette finale : place, race, rosace, surface, etc.

T, dans baratte, blottir, battre, chatte, datte (fruit), flatter, goutte (liquide, maladie), gratter, guttural, hutte, hyperbatte, jatte, latte, littéral, lutte, littérature, natte, pittoresque, quitter, sagittaire, trottoir, patte (d'animal), matte, batte, et dans les dérivés et les composés : littéralement, égoutter, abattre, combattre, etc.

EMPLOI DES CONSONNES DANS LES VERBES.

On double généralement les consonnes *c*, *f*, *l*, *m*, *p*, *r*, *t*, dans les verbes qui commencent par,

Ac, *oc* : accompagner, accomplir, accoutamer, accourir, occasionner, occuper, etc. ; on en excepte académiser.

Af, *ef*, *of* : affamer, affranchir, affronter, effacer, effectuer, effeuiller, offusquer, etc. ; excepté éfaufiler.

Al, *il*, *col* : aller, allumer, alléger, allécher, illustrer, illuminer, collationner, colloquer, colleter, etc. ; excepté aligner, aliter, alimenter, alarmer, aliéner, alourdir.

Com, *im* : commencer, commander, commercer, communiquer, commettre, immerger, immoler, immortaliser, etc. ; excepté imiter.

Ap, *op*, *sup* : appeler, applaudir, appliquer, apprendre, apparaître, opposer, opprimer, oppresser, supposer, supputer, suppléer, supprimer, supplanter, etc. ; excepté apercevoir, aplanir, aplatir, apaiser, apostasier, apitoyer, aposter, apostropher, apostiller, apetisser, superposer.

Ar, *cor* : arracher, arranger, arrondir, arrêter, arriver, corrompre, corroborer, correspondre, corriger, etc. ; excepté aromatiser, aristocratiser.

At : attaquer, attacher, attendre, attenter, attendrir, atténuer, atteler, attraper, attirer, etc. ; sans exception.

Terminaisons en oter, otter, ote et otte.

Oter termine le plus grand nombre des verbes usités dont la finale se prononce *oté* : noter, chuchoter, riboter, raboter, barboter, cahoter, doter, dorloter, escamoter, numéroter, pivoter, sangloter, comploter, voter, tricoter, etc.

Otter s'emploie dans ballotter, buvotter, botter, crotter, carotter, emmaillotter, grelotter, garrotter, fricotter, culotter, flotter, frotter, marmotter, et dans les composés : décrotter, débotter, etc.

Otte est généralement la finale des substantifs et des adjectifs féminins de cette terminaison : hotte, motte, marmotte, menotte, crotte, calotte, bouillotte, carotte, botte, flotte, grotte, gibelotte, gavotte, hotte (panier), linotte, hulotte, marotte, devotte, bigotte, vieillotte, sotte, manchotte, etc.; on écrit avec un seul *t* : anecdote, aliquote, compote, côte, échalote, galiote, gargote, idiote, note, pelote, papillote, pentecôte, rote, capote, redingote.

Ote termine les substantifs masculins qui ont cette finale : antidote, azote, despote, compatriote, hôte, prote, pilote, ilote, etc.; sans exception.

Pau, Imp. E. Vignancour.

www.ingramcontent.com/pod-product-compliance
Lightning Source LLC
Chambersburg PA
CBHW061627060726
47597CB00005B/1841